W0348028

Alles Lebendige wächst

Wilhard Becker

Alles Lebendige wächst

Fotos von Ulrich Schaffer

Verlag Ernst Kaufmann

4. Auflage 1990
© 1987 by Verlag Ernst Kaufmann, Lahr · Alle Rechte vorbehalten
Hergestellt bei Studio-Druck, Nürtingen-Raidwangen · Gestaltung: JAC
ISBN 3-7806-2197-5

5

Körperlich lebendig – jedoch geistig tot

Die Vorstellung, noch nicht reif und erwachsen zu sein, kann gemischte Gefühle in uns wecken. Einerseits empfinden wir es als beruhigend, weil es uns noch Möglichkeiten zur Veränderung läßt, andererseits möchten wir endlich aus den Kinderschuhen heraus und nicht ständig noch weiterlernen und uns anstrengen müssen.

Das Kind hat es da besser. Es wächst – zumindest körperlich – ohne sein Zutun zu einem Erwachsenen heran. Die biologischen Wachstumsprozesse sind weitgehend bekannt. Unerforschter sind die psychischen Entwicklungen.

Wann ist ein Mensch in seinen Gefühlen erwachsen – und welche Merkmale gelten für psychische Reife?

In diesem Bereich gibt es keine allgemein gültigen Maßstäbe. Weder der Gefühlsbetonte noch der ausgesprochen Nüchterne sind ein Ideal. Weder das unkontrollierte Herauslassen der Gefühle noch deren Unterdrückung sind ein Beweis für reifes Verhalten.

Geistiges Wachstum läßt sich noch schwerer beschreiben. Es ist nicht allein durch viel Wissen zu erreichen. Das Wahrnehmungs- und Entscheidungsvermögen, der Intellekt und die Vernunft gehören ebenso dazu und müssen mitwachsen. Einzelne Bereiche können im Wachstum steckenbleiben oder sogar absterben. Dann ist die Person zwar körperlich lebendig, geistig jedoch ist sie tot. Wenn also auch geistiges und psychisches Leben Wachstum voraussetzt, dann ist die Frage nach den Möglichkeiten dazu lebenswichtig.

6

Keine Situation
ist von vornherein gut oder schlecht

Für die Persönlichkeitsentwicklung gibt es keine eindeutigen und festgelegten Muster. Das innere Wachstum vollzieht sich subjektiv. Es ist wie beim Wein: Wann die Ernte reif ist, hängt von vielen Faktoren ab. Jede Rebsorte, jede Lage und jeder Jahrgang hat eigene Bedingungen.

Wenn es aber schon keine allgemein gültigen Maßstäbe für innere Reifung gibt, so sind uns doch Störungen und Krankheiten bekannt, die Wachstum verhindern können, weil sie auf lebenshemmenden Einstellungen beruhen.

Einstellungen sind wichtiger als Tatsachen

Tatsache ist, daß meine Umwelt mich beeinflußt und mein Denken und Handeln weitgehend bestimmt. Wichtiger aber ist die Einstellung zu diesen Bedingungen. Sie können mich lähmen oder herausfordern. Eine wohlbehütete Familie kann eine gute Grundlage für mein Wachstum oder aber auch ein allzuweiches Ruhekissen sein, das meine Trägheit begünstigt. Die Startbedingungen für mein Leben können – so gesehen – unterschiedliche Folgen haben.

Keine Situation ist von vornherein gut oder schlecht. Entscheidend ist immer, was ich daraus mache. Wir wissen, daß viele erfolgreiche Menschen ihr Leben unter sehr schwierigen Bedingungen begonnen haben. Ob eine Situation für mein Vorwärtskommen günstig oder ungünstig ist, hängt also von meiner Einstellung ab. Jeder Augenblick kann eine Chance oder eine Blockade für mein Leben sein. Ich kann mich durch eine Gegebenheit herauslocken oder lähmen lassen. Ich kann mich damit entschuldigen oder sie als Herausforderung betrachten. Entscheidend ist an dieser Stelle, welche Lebensvor-

stellungen in mir gewachsen sind. Glaube ich, daß das Leben für mich ist oder fühle ich mich ständig benachteiligt? Erlebe ich mich auf der Sonnenseite oder auf der Schattenseite des Lebens?

Wie wichtig diese Grundeinstellung ist, wird im Neuen Testament in einem treffenden Beispiel beschrieben. Es ist die Geschichte von den anvertrauten Pfunden oder Talenten (Matthäus 25, 14–30): Da sind drei Männer. Jeder von ihnen bekommt eine Geldsumme aus dem Vermögen seines Herrn als Startkapital. Die Beträge sind unterschiedlich hoch – je nach Fähigkeit der drei Männer. Jeder soll das Beste daraus machen. Zwei von ihnen lassen sich dadurch herausfordern. Sie vermehren das ihnen Anvertraute um das Doppelte. Sie wachsen und reifen an dieser Aufgabe. Der Dritte – mit der kleinsten Summe – vergräbt das Geld, um kein Risiko einzugehen. Er bleibt in Resignation und Angst stecken und unternimmt nichts, um seine Talente zu vermehren. So verliert er zwar nichts, gewinnt aber auch nichts dazu. Er muß sich am Ende den Vorwurf gefallen lassen, faul zu sein und seine Chance verpaßt zu haben.

Viele Menschen, die sich nicht aufmachen und ihr Leben nicht als Herausforderung annehmen, lasten die Verantwortung für ihre Trägheit und ihr Versagen immer wieder ihrer Umwelt an. Schuld an ihrem Unglück sind immer die anderen, die bösen Mitmenschen oder auch die schlechten Verhältnisse. Für sie ist alles ungünstig, sie sind eben vom Pech verfolgt.

Natürlich gibt es auch viel unverschuldete Not. Viele haben wirklich schlechtere Karten als andere. Ist das Leben nicht tatsächlich ungerecht? Hat Gott nicht seine Lieblinge, denen alles leichter gelingt?

Diese Fragen lassen sich nicht objektiv beantworten, denn sie sind Glaubensfragen, die letztlich damit zusammenhängen, welche Vorstellungen ich von Gott habe. Wer sich vorstellen kann, daß er von Gott geliebt ist, hat die innere Voraussetzung, in jeder Situation eine Chance zu erkennen. Er sieht in allem in erster Linie nicht die Zumutung, sondern das Zutrauen Gottes an ihn. Er kann hoffen, daß sich alles zum Guten wendet. Das mobilisiert Kräfte in ihm.

So können zwei Menschen das gleiche erleben und etwas völlig Entgegengesetztes daraus machen. Es liegt nicht an den Tatsachen, sondern an der jeweiligen Einstellung dazu.

Den extremsten Ausdruck dieses Gedankens finden wir im Bericht von der Kreuzigung Jesu. Neben ihm hängt ein Verbrecher. Er hat seine Strafe verdient. Doch buchstäblich im letzten Augenblick seines Lebens verändert sich etwas in ihm. Er wendet sich an Jesus als an den, der auch in dieser Situation noch etwas ausrichten kann. Das verändert zwar äußerlich nicht seine Lage, es erspart ihm nicht den Tod als Konsequenz seines bisherigen Lebens – aber es öffnet ihm eine Tür zu einer neuen Wirklichkeit.

Die neue Wirklichkeit ist die Gegenwart Gottes. Jesus drückt das mit den Worten aus: „Heute noch wirst du mit mir im Paradies sein."

Eine neue Einstellung gibt uns zwar auch nicht eine Stunde unseres Lebens zurück, sie schenkt aber eine neue Chance für das Weiterleben. Das Neue ist nicht nur eine Verbesserung des

Alten, sondern eine andere Lebensqualität. Das Neue wird oft nicht leichter und unproblematischer sein, es schafft aber neue Möglichkeiten auf einer anderen Ebene.

Macht und Ohnmacht der Gefühle

Die Feststellung, daß Einstellungen wichtiger sind als Tatsachen, ist zwar einleuchtend, aber nur schwer in die Praxis umzusetzen.

Ein starker Hinderungsgrund liegt in der Macht der Gefühle. Gefühle folgen einer eigenen Logik und lassen sich nicht allein durch veränderte Einstellungen bestimmen. Mit unseren Einsichten sind wir meist schon weiter voraus als mit unseren Empfindungen. Manchmal ist uns zwar klar, welche Entscheidung wir treffen müßten, aber uns fehlt der innere Schwung dazu. So leben wir oft hinter dem Niveau unserer Erkenntnisse und Einsichten, weil das Gefühl nicht nachkommt.

Wer das Ziel hat, eine reife Persönlichkeit zu werden, muß sich früher oder später der Aufgabe stellen, Herr seiner Gefühle zu werden.

Gefühle haben ihr Eigenleben. Das merken wir bei Ängsten, die uns hemmen und manchmal zu unvernünftigen Reaktionen verleiten. Aber auch andere Gefühle wie Wut, Eifersucht und Gekränktsein blockieren unsere Entwicklung.

Umgekehrt können Gefühle wie Freude, Begeisterung und Verliebtsein förderlich sein und die Entwicklung positiv beeinflussen. Wichtig ist in jedem Fall, sich seiner Gefühle bewußt zu werden und zu lernen, damit umzugehen.

Wenn wir unseren Gefühlen nicht genug Beachtung schenken, können sie sich durch körperliche Störung bemerkbar machen. Wer lange genug seinen Ärger verschluckt, braucht sich

am Ende nicht über Magengeschwüre zu wundern. Und wer sich permanent Sorgen macht, ohne über sie zu sprechen oder ohne sie sich selbst einzugestehen, wird sie spätestens bei Herzstörungen ernst nehmen müssen. Gefühle sind eine eigene, nicht zu überspielende Wirklichkeit. Sie verlangen Beachtung, wenn wir nicht krank werden wollen.

Auch auf den Beziehungsebenen sind Gefühle ausschlaggebend. Jede Beziehung wird problematisch, wenn die Gefühle füreinander nicht mehr stimmen oder „gestorben" sind.

Das Ernstnehmen von Gefühlen beginnt immer mit ihrer Wahrnehmung. Es ist keine Marotte, wenn man einen Menschen mit der Frage begrüßt: „Wie fühlst du dich heute?"

Auch bei Entscheidungen muß ich lernen, mir meiner Gefühle bewußt zu werden. Versuche ich, sie zu übergehen, dann mobilisieren sie einen inneren Widerstand und stellen meine Entscheidung in Frage.

Wenn ich über längere Zeit gegen meine Gefühle lebe oder sie verdränge, führt das zum seelischen Verschleiß. Ich verliere die Freude am Leben und fühle mich ständig überfordert.

Man kann Gefühlen gegenüber unterschiedliche Haltungen einnehmen. Oft werden sie als Gefühlsduselei oder als Störungen im nüchternen Alltag abgewertet. Für manchen ist es sogar erstrebenswert, immer sachlich und emotionslos zu sein oder sich wenigstens so zu geben. Begeisterung und Ekstase passen nicht zu seinem Stil.

Aber auch die gegenteilige Einstellung ist nicht selten anzutreffen. Unter der Devise: „Gefühl ist alles!" wird alles andere als kalter, trockener Rationalismus abgelehnt.

Unsere Aufgabe besteht darin,
Gefühl und Willen zu koordinieren

Jedes Extrem ist auf die Dauer wachstumshindernd. Ein sinnvoller Umgang mit der Kraft der Gefühle ist notwendig, wenn wir reifen wollen. Der Wille muß eingeschaltet werden.

Das Verhältnis von Gefühl und Wille läßt sich etwa mit dem Verhältnis von Motor und Steuerrad vergleichen. Ein Fahrzeug mit einem starken Motor ohne Lenkung ist nicht nur nutzlos, sondern sogar gefährlich. Umgekehrt ist ein Fahrzeug mit perfekter Steuerung wertlos, wenn der Motor nicht funktioniert.

Unsere Aufgabe besteht darin, Gefühl und Willen zu koordinieren. Beide dürfen weder überbetont noch mißachtet werden.

Greifen wir noch einmal das Bild vom Auto auf und erinnern uns an die Zeit der Fahrschule. Manche mußten sich schon ziemlich anstrengen, um die Prüfung zu bestehen. Die Koordinierung der verschiedenen Funktionen und Vorgänge will gelernt sein. Ich muß wahrnehmen, was in meinem Wagen vor sich geht. Ich muß das Zusammenspiel von Motor, Schaltung, Bremse, Blinker usw. beherrschen. Was spielt sich auf der Straße ab? Welche Verkehrszeichen sind zu beachten? Welcher Weg führt zu meinem Ziel?

Reife erfordert eine erhöhte Wahrnehmungsfähigkeit nach innen und außen.

Gefühle sind grundsätzlich gut! Auch sogenannte schlechte Gefühle wie Zorn, Haß, Neid usw. sind gut, weil sie auf etwas Wichtiges in meinem Inneren hinweisen. Sie sind ein Symptom wie die Körpergefühle. Bauchweh und Kopfschmerzen sind nicht angenehm, aber doch wichtig, weil hiermit der Körper auf eine innere Störung aufmerksam macht. Aber auch sogenannte positive Gefühle wie Sympathie, Begeisterung und Zutrauen können gefährlich werden, wenn sie ohne Vernunft Handlungen und Entscheidungen bestimmen. Gefühle dürfen sich nicht selbst überlassen bleiben. Sie brauchen ein Gegenüber, eine Steuerung. Je besser ich mich kennenlerne, desto schneller merke ich, welche Gefühlsbereiche bei mir zuverlässig sind und auf welchen Gebieten ich unangemessen reagiere. Gefühle sind lenkbar und entwicklungsfähig. Der Gefühlsarme muß nicht arm bleiben, und der Überschwengliche kann ebenso sein Maß finden.

Träume als Schlüssel zu meinen Gefühlen

Eine Möglichkeit, die Welt der Gefühle besser kennenzulernen, ist das Beachten von Träumen. Im Traum erlebe ich meine Gefühle in Bildern, Szenen und in Gestalten mir bekannter und auch unbekannter Menschen. Ein Traum kann wie ein aufregender Roman sein, der mir aber nichts anderes zeigt als meine eigene innere Befindlichkeit, den Zustand meiner Gefühle. Jede der vielen tausend Gefühlsnuancen zeigt sich im Traum in irgendeiner Figur oder Situation – vielleicht in einem Tier, das mir angst macht, oder in einer Verfolgungsszene, aus der ich schweißgebadet erwache.

In meinem Traum bin ich immer alles selbst. Ich bin der Regisseur, der den Traum in Szene setzt. Seine Träume kennenzulernen und ihre Sprache zu verstehen ist ein Abenteuer! Der Traum hat die Möglichkeit, mir Zusammenhänge und die entsprechenden Gefühle zu zeigen, die mir bei Tage nicht zugänglich sind. Mein Tagbewußtsein unterliegt Gesetzen und Ordnungen, die mir in meiner Kindheit eingeprägt wurden. Im Traum sind Naturgesetze und moralische Prinzipien aufgeho-

ben. Ich kann mit Personen sprechen, die schon längst gestorben sind. Ich kann fliegen oder sogar Dinge tun, die ich bei Tage nicht wagen würde. Weil die Kontrollen, die mein Bewußtsein beengen, im Traum aufgehoben sind, bin ich vielleicht als Träumender echter und mehr ich selbst als nach dem Aufwachen. Im Traum können sich meine Gefühle frei ausagieren. Ich erlebe Panik und Begeisterung, Verfolgung und Triumph in Dimensionen, wie ich sie mir in der Realität nicht vorstellen kann.

Da alle Traumerlebnisse Ausdruck meiner Gefühle sind, kann ich mich besser sehen und erkennen, wenn ich die Sprache meines Traumes verstehe. Obwohl jeder Mensch jede Nacht träumt, haben viele Menschen Schwierigkeiten, ihre Träume wahrzunehmen. Der Zugang ist ihnen verschlossen. Manchmal liegt das an mangelnder Entschlossenheit, in diese Welt einzudringen, oder an der fehlenden Bereitschaft, die Wahrheit, die der Traum vermitteln will, anzunehmen.

Von der Selbsterkenntnis zur Wandlung

In diesem Zusammenhang gewinnt das Sprichwort: „Selbsterkenntnis ist der erste Schritt zur Besserung", Bedeutung.

Wer so bleiben will, wie er ist, wird keine Nötigung empfinden, auch die Bereiche seines Unbewußten kennenzulernen. Wer aber ahnt, daß er noch lange nicht am Ziel seiner Entwicklung ist, wird für alles offen sein, was ihn zur vertieften Selbsteinsicht führen kann. Dabei geht es nicht in erster Linie um Entdeckungen, die erschrecken, sondern ebenso um frohmachende Einsichten und Begabungen und Möglichkeiten, die bisher noch unentdeckt blieben. Wir können davon ausgehen, daß keiner schon alles kennt, was an positiven Entfaltungsmöglichkeiten in ihm steckt. Deshalb ist die Einsicht in die unbekannten Bereiche meiner Person Grundlage für alle Weiterentwicklung.

Aber auch die ernüchternden oder erschreckenden Seiten meiner Person helfen mir zum Weiterwachsen. Alles, was ich bei meiner Selbsterforschung kennenlerne, kann zur Veränderung beitragen. Ausgehend von dem Wissen, daß Einstellungen wichtiger sind als Tatsachen, können auch die erschütternden Erfahrungen meiner Vergangenheit, die Kränkungen und Verletzungen in meinen Gefühlen und die Belastungen meines Gewissens zum Guten verwandelt werden. Meine Vergangenheit mit all ihren Störungen und Entwicklungshemmungen muß nicht Schicksal sein, das meine Zukunft bestimmt. Die Einstellung, daß „alle Dinge zum besten dienen“, kann von Resignation und Gehemmtheit freimachen. Aus Fehlern lerne ich oft mehr als aus Erfolgen. Aus Rückschlägen gewinne ich ein Kapital an Erfahrungen. Pannen zeigen mir meine Schwachstellen und geben mir die Chance, aus der Schwäche eine Stärke zu entwickeln. Nicht, was in meiner Vergangenheit geschehen ist, ist entscheidend, sondern wie ich heute damit umgehe.

Durch eine gesunde Selbsterkenntnis erfahre ich mich lebendiger und liebesfähiger, weil lähmende Selbstvorwürfe und destruktive Gedanken überflüssig werden. Die vertiefte Einsicht in die Begabungen und Grenzen meiner Person bewirken wachsende Bescheidenheit und Demut.

Veränderung
geschieht nur in Bewegung

Der Weg

Wandlungen bezeichnen immer einen Weg. Veränderung geschieht in Bewegung. Am Anfang dieses Weges steht häufig ein „Weggehen". So wie ich von alten Gewohnheiten und krankmachenden Fehlverhalten weggehe, so werde ich auch manchmal aus Beziehungen auswandern müssen, wenn diese meiner neuen Lebenseinstellung nicht mehr entsprechen.

Manche Wandlungen bringen einen tiefen Einschnitt in meine bestehenden Verhältnisse mit sich. Ich trenne mich von Gewohnheiten, die mein Leben und meine Entwicklung beeinträchtigen. Ich löse mich vielleicht sogar von Menschen, die für meinen jetzigen Lebensabschnitt lebenshemmend sind. Ich grenze mich gegen Ansprüche und Anforderungen ab, die mir nicht mehr entsprechen.

Menschen, die „des Weges" sind, wirken manchmal unbequem und scheinbar unzuverlässig. Die Vorstellungen, die man von einem reifen Menschen hat, sind normalerweise genau umgekehrt: je älter und reifer jemand wird, desto besser sollte man sich auf ihn verlassen können, desto vorhersagbarer sind seine Entscheidungen und Handlungsweisen! Scheidung, Trennung, Abgrenzen und Weggehen sind in den Augen der meisten Menschen nicht gerade positive Qualitäten. Tatsächlich gibt es auch abschreckende Beispiele von Scheidung, Flucht und Verantwortungslosigkeit. In dem hier beschriebenen Wandlungsprozeß geht es aber nicht um ein billiges Davonlaufen, weil das Durchhalten zu schwierig geworden ist, sondern um ein lebensnotwendiges, heilendes Verhalten.

Wer auf den Applaus seiner Umgebung angewiesen ist, auf Anerkennung und Bestätigung eines Kollektivs oder auch nur auf das Verstandenwerden von lieben Menschen, entscheidet sich besser nicht für diesen Weg. Reifen, Erwachsen- und Lebendigwerden geschehen deshalb auch nur selten in der Masse.

Neue Werte – neue Maßstäbe

Kann es überhaupt irgendwelche allgemeingültigen Werte geben, wenn der Weg so individuell und persönlich gesehen wird? Widerspricht nicht schon der Ausdruck „Maßstab" der unberechenbaren Lebendigkeit neuen Lebens?

An diesem Dilemma sind selbst Christen von Anfang an gescheitert. Obwohl sie die Gesetze und Gesetzlichkeiten ihrer alten Religion verließen und wußten, daß deren Einhaltung nicht Leben bringen kann, erlagen sie immer wieder dem menschlichen Bedürfnis, sich abzusichern. Die Angst vor Täuschung und Verirrung steckte zu tief in ihnen. Ohne eine Ordnung können Menschen doch nicht miteinander leben! Muß nicht eine feste Ordnung herrschen, wenn nicht alles drunter und drüber gehen soll? Natürlich sind Gruppen, besonders wenn sie zur Masse werden, nicht ohne Ordnungen zu lenken. Ganz sicher braucht ein Staat Gesetze und Gesetzeshüter. Nicht einmal in einer Demokratie geht es ohne Polizei.

Auch das neue Leben hat seine innere Ordnung. Doch sie ist von anderer Art. Sie ist nicht von außen zu kontrollieren und auch nicht durch Gesetze zu schützen. Das neue Leben entspricht ganz der Individualität des einzelnen und ist nicht zu organisieren. Es ist auf Liebe gegründet und nicht auf Kontrolle.

Die alte Formel heißt: wir müssen!
Die neue lautet: ich will!

Zu den Gesetzmäßigkeiten alten Lebens gehören die Wertungen von gut und böse, richtig und falsch, erlaubt und verboten sowie Formeln wie: wir müssen – wir dürfen – wir sollten eigentlich – das tut man nicht – du hast Verantwortung – du bist ein Vorbild – wo soll das hinführen? – wenn das alle so machen würden?

Zur neuen Lebens- und Denkart gehören neue Begriffe wie die Gegensatzpaare: lebensfördernd – lebensfeindlich; helfend – störend; fördernd – hemmend; achtend – verachtend; würdigend – entwürdigend.

Die alte Formel heißt: „wir müssen!" – die neue lautet: „ich will!"

Dem „wir dürfen" steht ein „ich kann" gegenüber, dem „wir sollten eigentlich" ein „ich tue".

Merkmale des Wachsens

Die Reife einer Persönlichkeit läßt sich weder nach Zentimetern noch nach Alter oder Intelligenzquotient messen. Gibt es aber nicht doch Merkmale, die für Wachstumsschritte typisch sind?

Auf geistigem Gebiet ist bemerkenswert, daß mit zunehmendem Wissen die Einsicht in das Nichtwissen wächst. Bei einem kleinen Horizont ist auch der Kontakt zu den Bereichen des noch Unbekannten klein. Je mehr sich der Horizont weitet, desto deutlicher wird die Erkenntnis, wie groß die Welt ist, die ich noch nicht entdeckt habe.

Auch die Entdeckung der Originalität jedes einzelnen vermittelt mir eine Ahnung davon, wie unendlich vielfältig das Leben ist.

Das Mögliche
in allen Unmöglichkeiten entdecken

Der Versuch, gültige Maßstäbe für alle zu finden, wirkt unter diesem Aspekt fast grotesk. Die Neigung, für alle Lebensfragen sofort eine Antwort zu haben und alles schon zu kennen, wird einer Haltung des Fragens und Suchens Platz machen. Wer zu sich selbst unterwegs ist, wird nicht so viele feste Standpunkte haben und mit seinen Ratschlägen nicht mehr so schnell zur Hand sein. Auch mit seinen Erfahrungen und Überzeugungen wird er vorsichtiger und zurückhaltender umgehen und statt dessen Ratsuchenden helfen, den eigenen Weg zu finden.

Wachstum ist erkennbar an einer zunehmenden Hoffnung. Hoffnung ist die Fähigkeit, durch die dunklen Tatsachen und durch pessimistische Diagnosen hindurchzusehen und das Mögliche in all den Unmöglichkeiten zu entdecken. Hoffnung macht Mut. Sie ist kein naiver Optimismus, der die Schwierigkeiten nicht wahrhaben will.

Auch Liebe und Weite sind Merkmale der Reife. Das Ziel ist, letztendlich alle und alles zu lieben und jedem den Raum zu geben, in dem er ungehindert leben kann. Reife Liebe verzichtet auf Bevormundung und Druck. Sie verzichtet auch auf Belehrung. Liebe sieht überall und in jedem das Gute und lockt es heraus. Sie verbreitet eine Atmosphäre, in der Menschen ihre Angst verlieren und zu wachsen beginnen. Liebe verzichtet auf jede Form von Macht und kann warten, bis sie gefragt oder gebeten wird. Liebe kann mitleiden und im Leiden noch Mut machen. Liebe kann sich uneigennützig mitfreuen. Liebe kann zart und anschmiegsam sein wie das Wasser, aber auch so hart und tragfähig. Liebe ist Leben. Sie ist die Kraft und die unerschöpfliche Energie zum Wachsen und Reifen.

Jedes Lebewesen auf dieser Erde ist ein Original. Daher gibt es kein Leben, das nach Schablonen gefertigt wäre. Aber jeder Mensch muß sich selbst auch so annehmen und akzeptieren, wie er angelegt ist. Diese Reihe gibt Aufschlüsse und Hilfen, sein eigenes Ich besser zu erkennen und es positiver im Umgang mit anderen einzusetzen.

In der Reihe »Selbstfindungen« sind weitere Hefte lieferbar:

Ich darf sein, der ich bin – und werden, der ich sein kann

Alles Lebendige wächst

Besitze dein Leben

Ich will das Haus meines Lebens bewohnen

Der Schatten gehört zu mir

Ich will Freundschaft schließen mit meinen Gefühlen

Lieber das bekannte Unglück als das unbekannte Glück

Du kannst deine Wut in Stärke verwandeln

Das schöne schlechte Gewissen

Weitere Themen folgen.

Wilhard Becker

Geboren 1927 in Frankfurt/M. Nach 25 Jahren Tätigkeit als Theologe nimmt er seine ursprüngliche Intention, dem Menschen auch therapeutisch zu helfen, wieder auf. Heil und Heilung – Christsein und ganz Menschsein gehören für ihn untrennbar zusammen. Z.Zt. in eigener Praxis für Beratung und Therapie. Schulungsarbeit für Führungskräfte in der Industrie mit der Thematik »Persönlichkeitsbildung«. Wohnhaft in 7109 Schöntal 3, Obere Sonnenhalde 20.

Ulrich Schaffer

1942 in Pommern geboren. Wohnte bis 1953 bei Bremen. 1953 Auswanderung nach Kanada. 1961–1970 Studium der Germanistik und Anglistik an der University of British Columbia und an der Universität Hamburg. 1970–1981 Dozent für europäische Literatur an einem College bei Vancouver. Seit 1981 freiberuflich tätig als Schriftsteller und Fotograf.